Disney

La Reine des Neiges II

L'histoire du film

hachette
ENFANTS

Quand Anna et Elsa étaient petites, leur père, le roi Agnarr, leur racontait des histoires.

« Un jour, dit-il, une guerre a éclaté entre deux peuples de la Forêt Enchantée, les Northuldra et les Arendelliens. Pour les punir, les esprits les ont enfermés pour toujours dans un épais brouillard. »

Depuis, les deux sœurs ont grandi.
Leurs parents ont disparu dans un naufrage.
Elsa est devenue reine.

Un soir, Anna et Elsa jouent aux mimes avec leurs amis. Mais Elsa n'est pas concentrée.
« Je suis fatiguée », dit-elle, songeuse.

Cette nuit-là, Elsa est réveillée par une voix.
Elle sort et lui répond en utilisant sa magie.
Des images glacées se forment devant elle :
une forêt, des rennes... Que c'est beau !
Des cristaux apparaissent.
Ils flottent dans le ciel.

Mais soudain, une onde de choc
et un vent violent balayent Arendelle.
La terre se met à trembler.
« Elsa, les esprits sont en colère, dit Grand Pabbie,
le chef des trolls. Va dans la Forêt Enchantée
et découvre la vérité ! »

Le lendemain matin, Elsa et Anna partent, accompagnées d'Olaf, Sven et Kristoff.
Après de longues heures de route, Elsa entend à nouveau la voix.
« C'est ici ! » annonce-t-elle.
Devant eux se dresse un immense mur de brouillard.
Elsa prend la main d'Anna et d'Olaf.
Et tous ensemble, ils traversent la brume.

Là, ils découvrent quatre menhirs décorés des signes de la Terre, du Feu, de l'Air et de l'Eau. Le brouillard se referme sur eux. Elsa, Anna et leurs amis avancent jusqu'à une clairière. Elsa n'en revient pas.
« La Forêt Enchantée ! dit-elle. Quelle beauté ! »

Tout à coup, une puissante tornade emporte Olaf.
Elsa et ses compagnons tentent de le secourir.
Mais ils sont eux aussi soulevés dans les airs.
« C'est l'Esprit du Vent ! » s'écrie Elsa.
Elle utilise alors sa magie et parvient à calmer la tempête.

Des statues de glace apparaissent.
Elles montrent le prince Agnarr,
dans les bras d'une jeune fille.
Soudain, des individus surgissent des bois.
Elsa et Anna comprennent :
ce sont les Northuldra et les Arendelliens,
prisonniers de la Forêt Enchantée !
Ils se disputent. Les deux peuples veulent
capturer Elsa et ses amis.

Elsa les arrête grâce à un jet de glace.
« D'où vient cette magie ? » s'étonne le chef des Arendelliens.
Elsa le reconnaît. Son portrait est accroché au château. C'est Mattias !
Il faisait partie de la garde de son père, du temps où celui-ci était prince.

Surgissant de la forêt, une boule de feu roule jusqu'à eux, enflammant tout sur son passage.

« L'Esprit du Feu ! crie Yelena qui commande les Northuldra.

– Sauvez-vous ! » ordonne Mattias.

Mais Elsa sait quoi faire.

Elle envoie du givre sur la boule qui devient alors une toute petite salamandre.

Anna a eu très peur. Elsa la rassure
et la couvre du châle de leur mère.
« D'où vient ce châle ? s'étonne une Northuldra.
– C'est un cadeau de notre père », dit Anna.
Quelle surprise ! C'est le châle que porte
la jeune fille de la statue de glace,
celle qui soutient le prince Agnarr !

Les deux sœurs s’en vont.
Plus loin, elles découvrent que leurs parents étaient partis chercher l’origine des pouvoirs d’Elsa.
« C’est de ma faute s’ils ont fait naufrage, sanglote-t-elle. Je dois continuer seule. »
Puis, grâce à sa magie, elle éloigne Anna et Olaf sur une barque de glace.

Elsa poursuit son chemin jusqu'à la Mer Sombre.
La rivière Ahtohallan se trouve de l'autre côté.
Mais les flots sont déchaînés.
Elsa prend son élan et s'élance sur les vagues.
L'Esprit de l'Eau, Nokk, surgit. Il est furieux !

Elsa fait apparaître une bride de glace.

Et saute sur le dos de Nokk, qui se met à ruer !

Elsa finit par le dresser.

Ensemble, ils traversent la Mer Sombre.

Quand ils atteignent Ahtohallan, la voix se tait.

La jeune reine sent qu'elle va réussir.

Avec Anna, elle va ramener la paix

dans la Forêt Enchantée…

JE LIS, JE JOUE

As-tu compris l'histoire ?

1. Qui est le père d'Elsa et d'Anna ?

a. Olaf.
b. Le roi Agnarr.
c. Grand Pabbie.

2. Dans la Forêt Enchantée, Elsa va chercher :

a. ses parents.
b. la voix qui l'appelle.
c. Nokk, l'Esprit de l'Eau.

3. Qui est Mattias ?

a. Le frère d'Anna et d'Elsa.
b. Un troll de la Forêt Enchantée.
c. Un ancien garde du prince Agnarr.

Complète avec UN ou UNE.

un esprit
une voix
un peuple
un naufrage
une clairière
un mime
une onde
une salamandre
un troll
un menhir

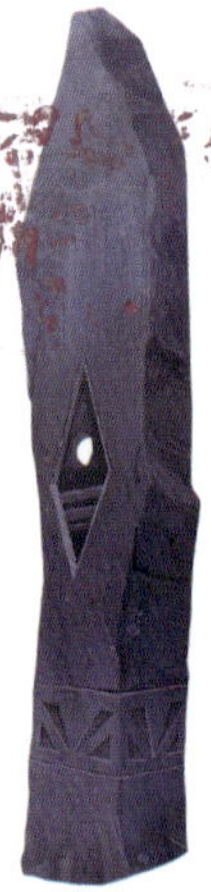

Tourbillon de lettres

L'Esprit du Vent a mélangé tous ces mots.
À toi de les reconstituer !

fo	deau
rei	sa
El	gie
An	rêt
ma	me
ca	na
bru	ne

Devinette

Remplace chaque nombre par la lettre qui lui correspond dans l'alphabet.
1 = a ; 2 = b ; 3 = c, etc.

[redacted]

Elsa a grandi
Elle est devenue reine.

Tourne la page pour connaître les réponses. ▸

Réponses aux jeux

As-tu compris l'histoire ?

1b, 2b, 3c

Complète avec « UN » ou « UNE ».

UN esprit
UNE voix
UN peuple
UN naufrage
UNE clairière
UN mime
UNE onde
UNE salamandre
UN troll
UN menhir

Tourbillon de lettres

forêt
reine
Elsa
Anna
magie
cadeau
brume

Devinette

Elsa a grandi. Elle est devenue reine.

Conception graphique et mise en pages : Valérie Gibert et Philippe Sedletzki

58, rue Jean Bleuzen – CS 70007 – 92178 Vanves CEDEX
Dépôt légal : janvier 2020 – Édition 01. ISBN : 978-2-01-708971-1.
Achevé d'imprimer en Roumanie par Canale en janvier 2020.
Loi n° 49-956 du 16 juillet 1949 sur les publications destinées à la jeunesse.

PAPIER À BASE DE FIBRES CERTIFIÉES

hachette s'engage po
l'environnement en réduisant
l'empreinte carbone de ses livre
Celle de cet exemplaire est de :
250 g éq. CO_2
Rendez-vous sur
www.hachette-durable.fr

Retrouve tous les titres de la série :

La surprise

Le petit renne

Une soirée pyjama royale

L'histoire du film